Christine Marsan

Das kleine Übungsheft

Mut zur Veränderung

Aus dem Französischen von
Claudia Seele-Nyima

Illustrationen von Jean Augagneur

TRINITY

Christine Marsan ist Psychologin, ganzheitliche Psychotherapeutin und Coach. Auf der Basis ihrer vielfältigen beruflichen Erfahrungen hat sie Schlüsselelemente herausgearbeitet, wie es uns gelingen kann, uns von Beschränkungen, Widerständen und Ängsten zu befreien und unser Leben erfolgreich zu gestalten, indem wir unsere Träume verwirklichen.

Die Originalausgabe ist erstmals 2015
bei Éditions Jouvence erschienen.
Titel der französischen Originalausgabe:
Petit cahier d'exercices pour oser changer sa vie

Chemin du Guillon 20, Case 184, CH-1233 Bernex.
www.editions-jouvence.com
info@editions-jouvence.com

3. Auflage 2019

Umschlaggestaltung: Guter Punkt, München
Satz: Kerstin Duben, München
Druck und Bindung: Pustet, Regensburg
ISBN 978-3-95550-191-4

1 Mut zur Veränderung – im Großen wie im Kleinen

»Was die Zukunft betrifft, so ist deine Aufgabe nicht, sie vorauszusehen, sondern sie zu ermöglichen.«

Antoine de Saint-Exupéry

Ein neues Leben wagen – ist das nicht bloß eine schöne Illusion, eine Flucht aus dem ewigen Alltagstrott? Oder geht es im Leben gerade darum, den Mut aufzubringen, unsere Träume zu verwirklichen, unsere Vorhaben erfolgreich umzusetzen, über unseren Schatten zu springen und Neuland zu erkunden, hin zu …? (Was ist Ihr ganz persönlicher Traum?)

Möchten Sie sich jetzt auf das Wagnis einlassen, Ihr Leben zu verändern, und das darin enthaltene Versprechen glücklicher Momente, spannender Augenblicke, aufregender Ereignisse und wiederbelebter Kindheitsträume einlösen? Dann haben Sie sich ein großes, aber sehr lohnendes Ziel gesetzt und dieses kleine Übungsheft wird Sie dabei unterstützen, es zu erreichen.

2 Ziehen wir kurz Bilanz

Bevor Sie etwas an Ihrem Leben ändern, sollten Sie zunächst herausfinden, ob die Voraussetzungen gegeben sind, ob ein solides Fundament da ist, damit das Neue gelingen kann. Denn wenn Sie Ihr neues Haus auf Treibsand errichten, könnte das in einer schmählichen Niederlage enden.

Stellen Sie sich einmal vor: Sie träumen davon, ein schönes Haus im Grünen (oder anderswo, wo es Ihnen und Ihrer Familie gefällt) zu bauen, überziehen aber jeden Monat Ihr Konto, anstatt zu sparen, und erklären das mit der allgemeinen wirtschaftlichen Situation … Oder Sie möchten ein ganz neues Leben mit einem neuen Partner bzw. einer neuen Partnerin beginnen, haben aber Ihre Eifersucht, die schon Ihre letzte Beziehung zerstört hat, nach wie vor nicht im Griff.

Stellen Sie sich also zunächst ein paar Fragen und ziehen Sie Bilanz:

Auf einem rissigen Fundament kann man nichts Neues errichten. Wie kann ich mir eine solide Basis schaffen?

Wie sieht es bei Ihnen mit der Liebe aus?

Sind Sie Single? ❏ Ja ❏ Nein

Suchen Sie Ihre(n) Seelenverwandte(n)? ❏ Ja ❏ Nein

Ist die Beziehung zu Ihrem Partner/Ihrer Partnerin befriedigend? ❏ Ja ❏ Nein

Wenn es nach Ihnen ginge, wie sollte Ihre Beziehung aussehen, was sollte anders sein?

- ....
- ....
- ....
- ....

Wie könnten Sie dazu beitragen, die aktuelle Situation zu verbessern?

- ....
- ....
- ....
- ....

Wie ist Ihr Verhältnis zum Geld?

Haben Sie Schwierigkeiten, am Ende des Monats über die Runden zu kommen?

❒ Ja ❒ Nein

Fällt es Ihnen schwer, zu Wohlstand zu gelangen?

❒ Ja ❒ Nein

Fühlen Sie sich finanziell eingeschränkt?

❒ Ja ❒ Nein

Haben Sie ein gesundes Verhältnis zum Geld (sind Sie weder zu geizig noch zu verschwenderisch)?

❒ Ja ❒ Nein

Was könnte Sie in Gelddingen rundum zufriedenstellen?

....

....

....

....

....

....

....

....

....

....

....

....

....

....

Ihre Arbeit: Lust, einmal etwas Neues auszuprobieren?

Stehen Sie gerne jeden Tag auf, um zur Arbeit zu gehen?
❏ Ja ❏ Nein

Haben Sie bei Ihrer Tätigkeit die Möglichkeit, sich zu entfalten? ❏ Ja ❏ Nein

Haben Sie das Gefühl, dass alles schon einmal da gewesen und längst Routine geworden ist? ❏ Ja ❏ Nein

Ist jetzt der richtige Moment, sich beruflich zu verändern? ❏ Ja ❏ Nein

Fühlen Sie sich den Anforderungen Ihrer Arbeit gewachsen?
❏ Ja ❏ Nein

Wie ist es um Ihre Kompetenzen bestellt?

....
....
....

Was könnte Sie beruflich rundum zufriedenstellen?

....
....
....
....
....
....
....
....

Vielleicht gibt es noch andere Lebensbereiche, die Sie erkunden wollen? Hier einige freie Zeilen für Ihre Überlegungen:

- ....
- ....
- ....
- ....

Das Lebensrad

Dieses Rad ermöglicht es Ihnen, eine Bilanz der verschiedenen Bereiche Ihres Lebens zu ziehen und einen Überblick über die Aspekte zu gewinnen, die Sie verbessern könnten.

LOS GEHT'S: MALEN SIE DAS RAD BUNT AUS!

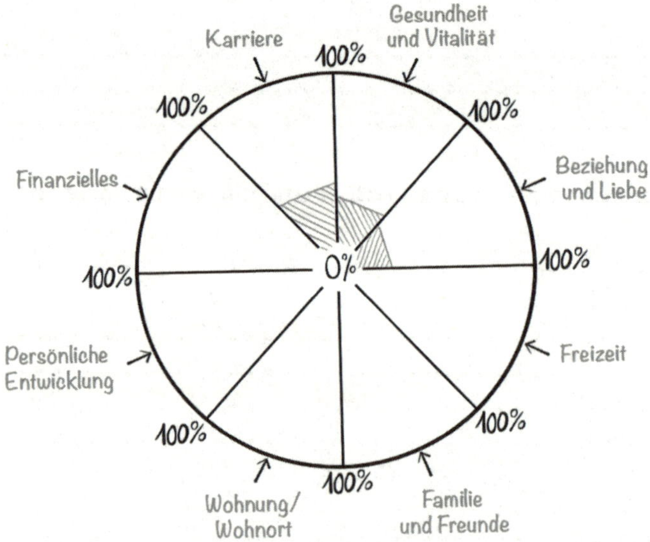

Die Auswertung des Lebensrads: von unzufrieden bis traumhaft

Vermutlich haben Sie einen oder mehrere Bereiche Ihres Alltagslebens ausfindig gemacht, mit denen Sie nicht oder nur mäßig zufrieden sind. Überlegen Sie, inwiefern sie etwas mit Ihrem Lebenstraum zu tun haben – gehören sie in dasselbe Gebiet? Erkennen Sie Bedürfnisse oder Wünsche, die Ihrem Traum zuwiderlaufen? Analysieren Sie das Lebensrad, stellen Sie Verbindungen und Zusammenhänge her, finden Sie Übereinstimmungen, ermitteln Sie verbesserungswürdige Punkte und vor allem: Identifizieren Sie Ungereimtheiten, Reibungspunkte. Manchmal spielen sich Ihre Aktivitäten vorwiegend in einem Bereich ab, während Sie aber von einem anderen träumen … Ist die Bilanz abgeschlossen, dann ist der Moment gekommen, darüber nachzudenken, was Sie ändern können, um Ihren Zielen näher zu kommen.

»Das Glück ist wie ein Schmetterling:
Es flattert dahin und blickt nicht zurück.«

Robert Lalonde

Um es wagen zu können, unser Leben oder einen Teil davon zu verändern, müssen wir **erkennen, wo etwas nicht in Ordnung ist, wo wir ein unbefriedigtes Bedürfnis haben oder wo wir einen Traum verwirklichen wollen.** In jedem Fall geht es darum, aus unserer Komfortzone herauszutreten und den großen Sprung zu wagen, hin zum ersehnten Ufer – und das ohne Gewähr, dass das erwünschte Ergebnis auch tatsächlich erzielt wird. Um Ihnen die womöglich jetzt aufkommende Angst vor dem Unbekannten zu nehmen, hier einige leichte Methoden, wie Sie vom Traum zur konkreten Umsetzung übergehen können, damit die Verwirklichung Ihres Traums zu einem Kinderspiel wird!

Denn den nötigen Mut zur Veränderung werden wir erst aufbringen, wenn wir unsere Ängste beruhigt haben. Sie haben sich hauptsächlich in unserer frühen Kindheit herausgebildet, zu einer Zeit, als wir noch nicht über die rationalen Fähigkeiten eines Erwachsenen verfügten und nicht zwischen unseren Träumen, Fähigkeiten und Ängsten unterscheiden und entsprechend abwägen konnten.

Daher besteht der erste Schritt hin zu etwas Neuem darin, dass wir uns um unser **inneres Kind** kümmern und dafür sorgen, dass es sich sicher fühlt und sich zutraut, Veränderungen anzugehen.

3 – Und wenn Sie es einfach wagen?

Meditation

Was ist Ihr verrücktester Traum?

Kleiner Tipp: Nehmen Sie die Anleitung zur folgenden Meditation z.B. auf MP3-Player auf. Lesen Sie langsam, mit ruhiger Stimme, und machen Sie genug Pausen, damit Ihr Geist den Anweisungen in Ruhe folgen kann. Praktizieren Sie anschließend diese Meditation so oft wie möglich. Wenn Sie bereits regelmäßig meditieren, können Sie direkt zum dritten Schritt übergehen.

*»Niemand ist unter einem schlechten Stern geboren.
Aber es gibt Menschen, die den Himmel
nicht richtig deuten können.«*

Tenzin Gyatso, der 14. Dalai Lama

Erster Schritt: Entspannen Sie sich!

Nehmen Sie sich Zeit für sich selbst, ziehen Sie lockere Kleidung an und machen Sie es sich bequem, entweder in Stille oder mit einer ruhigen Musik oder einem Mantra. Zünden Sie eine Kerze an, lassen Sie, wenn Sie mögen, Räucherstäbchen abbrennen. Legen Sie sich auf den Rücken und entspannen Sie sich.

Zweiter Schritt: Zentrieren Sie sich!

Konzentrieren Sie sich ganz auf Ihren Atem, das hilft Ihnen, **sich immer mehr nach innen zu wenden**. Sie können das Atmen gern mit einem innerlich gesprochenen Wort verbinden, zum Beispiel beim Einatmen **Liebe** und beim Ausatmen **Dankbarkeit**. Die richtigen Worte werden sich ganz natürlich von selbst einstellen. Atmen Sie gut zehn Minuten auf diese Weise und genießen Sie den Zustand der inneren Entspannung und der Verbundenheit mit Ihrem Körper. Ihr Geist kommt dabei immer mehr zur Ruhe. Bleiben Sie eine Weile in diesem Zustand und gehen Sie dann zum nächsten Schritt über.

Dritter Schritt: Visualisieren Sie Ihren Traum!

Stellen Sie sich eine Landschaft vor, die Sie besonders mögen, zum Beispiel am Meer, in den Bergen oder auf dem Land. Es ist ein Ort, an dem Sie Kraft schöpfen, wo Sie sich wohlfühlen und wieder auftanken können. Machen Sie es sich dort gemütlich und spüren Sie im Körper die wohltuende Wirkung dieses Ortes: die Luft, die Wärme der Sonne auf Ihrer Haut, das Geräusch der Wellen, die Gischt, der Duft der Blumen, Vogelzwitschern ...

Lassen Sie nun Ihren Traum in Ihrem Kopf aufsteigen und sich dort ausbreiten wie einen wunderschönen Teppich, der langsam ausgerollt wird. Lassen Sie ihn sich in allen Einzelheiten entfalten, ganz ruhig und sorgfältig, damit Sie jedes Detail an ihm wahrnehmen können.

Wie sieht Ihr Traum/Ihr Wunschziel aus?

....
....
....

Welche Schritte müssen Sie gehen, um Ihr Ziel zu erreichen?

....
....
....

Welche Personen sind daran beteiligt?

....
....
....

Welche Hilfsmittel stehen Ihnen zur Verfügung, um Ihren Traum wahr zu machen?

....
....
....
....

Stellen Sie sich vor, wie es sein wird, wenn sich Ihr Traum erfüllt hat, und feiern Sie innerlich Ihren Erfolg: Hören Sie, was gesprochen wird, nehmen Sie Empfindungen, Gerüche, Farben und Eindrücke der Situation bewusst wahr und kosten Sie sie aus.

Prägen Sie sich diesen Augenblick ein, lassen Sie die damit einhergehenden Gefühle Ihren Körper durchdringen, als würden all Ihre Zellen dadurch genährt.

Vierter Schritt: Den Traum bewahren

Kommen Sie dann, wenn Sie bereit sind, langsam wieder in die Realität zurück. Strecken Sie sich, atmen Sie tief durch und lassen Sie sich ruhig Zeit, bevor Sie die Augen öffnen. Notieren Sie dann z.B. in Ihrem Tagebuch, was Sie gesehen haben, Bilder, Botschaften, Eindrücke, kurzum: Zeichnen Sie den Verlauf Ihrer Reise auf, sodass Sie ihn bewahren können. Und bevor Sie zu etwas anderem übergehen, verankern Sie Ihren Traum mithilfe eines Details. So können Sie ihn jederzeit schnell wieder auffrischen.

Beispiel: Ihre Traumlandschaft ist eine Blumenwiese. Verknüpfen Sie sie z.B. mit einer Margerite. So können Sie Ihren Traum leichter wieder aufrufen: Wie die in Tee getunkte Madeleine (ein französisches Gebäck), die den Ich-Erzähler im Werk des Schriftstellers Marcel Proust an seine Kindheit erinnert, so genügt Ihnen dann eine Margerite, um den Fluss Ihrer Bilder und Gefühle erneut auszulösen, die Visualisierung wieder zu aktivieren und an die einzelnen Schritte der Konkretisierung Ihres Ziels anzuknüpfen.

»Nur eine vollständig abgeschlossene Erfahrung macht uns frei.«

Christiane Singer

Aus Ihrem Traum wird ein Ziel

Sie wissen nun, was anders werden soll, was Sie verbessern wollen, und Sie kennen Ihren Traum. Fassen Sie jetzt in einem Satz zusammen, was genau Sie erreichen möchten:

– ....
....
....
....
....
....

Lässt sich Ihr Ziel mit einem Verb ausdrücken? Ist es positiv, klar und bündig formuliert, sodass auch ein siebenjähriges Kind es versteht?

❐ Ja ❐ Nein

Fragen Sie jemanden aus Ihrem Umfeld, was er oder sie davon hält.

Seien Sie offen für die Kommentare der anderen und hören Sie sie in Ruhe an. Denn nicht selten ist der Blick von außen klarer als unser eigener, vor allem in schwierigen Phasen.

Vervollständigen Sie dann Ihre Zielvorstellung: Wann genau können Sie sie verwirklichen?

- ....
- ....
- ....
- ....

Legen Sie für sich ein Datum, die einzelnen Etappen und Fristen fest, überlegen Sie, welche Mittel und Ressourcen nötig sind, um Ihr Ziel zu erreichen, und welche Unterstützung von außen Sie brauchen werden.

Durchdenken Sie auf diese Weise alle praktischen Voraussetzungen, um Ihr Ziel zu erreichen.

4 - Schritt für Schritt zum Erfolg

Fragen Sie sich:

Was bin ich bereit, morgen früh konkret zu unternehmen, um etwas zu verändern?

- ....
- ....
- ....
- ....
- ....

»Das Gras wächst nicht schneller, wenn man daran zieht.«
Afrikanisches Sprichwort

Es reicht nicht, nur von der Veränderung zu träumen. Wenn wir etwas erreichen wollen, müssen wir aktiv werden. Um es gärtnerisch auszudrücken: Wir müssen Hacke und Schaufel zur Hand nehmen und den Boden umgraben. Dann können wir Samen ausbringen und sie gießen und düngen, damit eine Pflanze daraus wachsen kann. Und wie in diesem Gartenbeispiel sind auch im Leben immer mehrere Schritte erforderlich, um etwas zu verändern:

Die Schritte bei der Gartenarbeit …	… übertragen auf Ihr Ziel
1- Den Boden umgraben und die Erde auf die Saat vorbereiten.	**Vergangene Erfahrungen gründlich »ausmisten«; eine Bestandsaufnahme machen, um einschätzen zu können, was man wirklich ändern will.**
2- Die gewünschten Samen auswählen und den richtigen Moment beachten, um sie auszubringen.	**Das Ziel klar herausarbeiten, den Traum konkretisieren.**
3- Die Sämlinge regelmäßig gießen und düngen.	**Regelmäßig Dinge tun, die unser Vorhaben unterstützen.**
4- Aufpassen, dass keine Schädlinge die Saat fressen oder verderben.	**Blockierende Überzeugungen, Wiederholungsmuster, Anzeichen des Scheiterns erkennen und korrigierende Maßnahmen und Verhaltensweisen entwickeln.**
5- Sich so lange gedulden, wie die Samenkörner brauchen, um zu wachsen und zu einer Pflanze zu werden.	**Loslassen. Sobald die Schritte zur Veränderung eingeleitet sind, lernen, den Dingen Zeit zu lassen, sich zu entwickeln. Dabei auf die eigenen Gefühle hören und verstehen, was sie uns sagen wollen, um auch heikle Momente in diesem Prozess durchzustehen.**
6- Die Früchte ernten.	**Das Erreichte genießen, feiern.**

Beispiel: Charlotte wollte schon immer Pferde züchten und versorgen. Sie träumte von einem Haus auf dem Land mit einem großen Grundstück und Pferden. Da dies ihre Leidenschaft war, informierte sie sich über alle existierenden Berufe in diesem Bereich. Schließlich machte sie eine Ausbildung zur Pferdewirtin und absolvierte dann mehrere Praktika in verschiedenen Reitställen, um unterschiedliche Methoden kennenzulernen und Praxiserfahrung zu sammeln. Anschließend suchte sie sich eine feste Anstellung in einem dieser Reitställe und graste die Banken ab, um Kreditmöglichkeiten auszuloten, während sie gleichzeitig auf Häuser und Grundstücke achtete, die zum Verkauf standen und dazu geeignet waren, ihr Vorhaben zu realisieren. Sie vertraute auf das Leben und traf andere Menschen, die denselben Herzenswunsch haben. Seitdem bündeln sie ihre Ressourcen, um den Traum zu verwirklichen, der zu einer gemeinsamen Vision geworden ist.

Formulieren Sie nun die sechs Schritte auf dem Weg zu Ihrem Ziel und prüfen Sie da, wo Sie schon aktiv geworden sind, was bereits funktioniert und wo es noch »hakt«.

Schritt 1:

....
....
....

Schritt 2:

....
....
....

Schritt 3:

....
....
....

Schritt 4:

....
....
....

Schritt 5:

....
....
....

Schritt 6:

....
....
....

5 – Und wenn mich der Mut verlässt?

»Wahres Glück hängt weder von einem anderen Menschen noch von einem äußeren Objekt ab, sondern nur von uns selbst, von unserem Geist.«

Tenzin Gyatso, der 14. Dalai Lama

Den Wunsch haben, etwas zu verändern, ist eine Sache, es wirklich zu schaffen, eine andere. Oft liegen Welten zwischen dem Visualisieren eines Traums und seiner Verwirklichung und der Fähigkeit, ihn tatsächlich wahr werden zu lassen. Es gilt, von der **Vorstellung** zum **Handeln** überzugehen. Und dafür müssen wir uns unter Umständen von Gewohntem trennen, Verluste in Kauf nehmen, Kummer und Angst vor dem Unbekannten aushalten. Meistens bewirkt allein der Gedanke an diese »Hürden«, dass wir gar nichts tun, im Status quo verharren, unsere Träume entweder auf später verschieben oder sie sogar endgültig aufgeben, obwohl wir wissen, dass wir es im tiefsten Inneren bereuen werden.

Also, was tun?

Zuerst müssen wir uns unseren Gefühlen stellen, sie verstehen, entschlüsseln und herausfinden, was sie uns über das sagen, was wir uns am meisten wünschen.

Gefühle, Sinnesempfindungen und Wahrnehmungen sind ein **Barometer** unseres inneren Zustands. Sogenannte **positive** Gefühle wie Freude bedeuten, dass es uns gut geht, dass wir glücklich sind; üblicherweise versuchen wir, diese angenehme Empfindung zu verlängern. Umgekehrt sorgen sogenannte **negative** Gefühle – hauptsächlich Angst, Zorn und Traurigkeit – dafür, dass es uns schlecht geht. Sie sind unangenehm und weisen uns auf ein inneres Ungleichgewicht hin, dem wir aus gutem Grund nachgehen sollten, um ihm abzuhelfen.

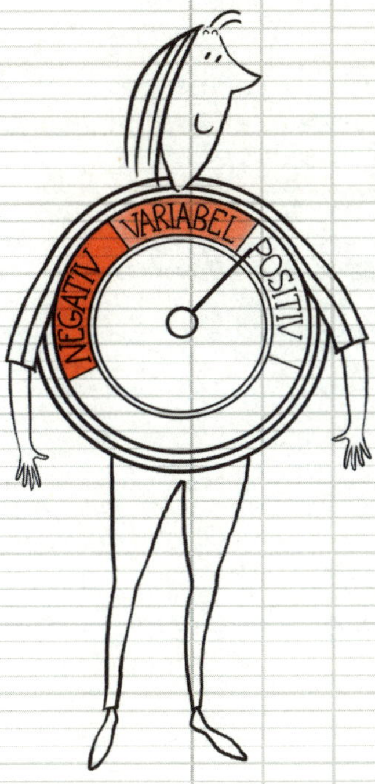

Nehmen Sie Ihren Traum unter die Lupe

- **Sie träumen davon, aufs Land zu ziehen, und bleiben dennoch mitten in der Großstadt wohnen. Warum? Vielleicht, weil Sie sich zum Beispiel folgende Dinge sagen bzw. fragen:**

- Ich finde doch ohnehin nicht das, was ich suche.
- Ob ich dort neue Freunde kennenlernen werde?
- Ob die Schule dort für meine Kinder genauso gut ist?
- Wird sich mein Partner/meine Partnerin dort wohlfühlen?

Welche weiteren Sätze könnten Sie sich in diesem Fall sagen?

- ....
- ....
- ....

Wechseln wir das Thema. Es geht jetzt ums Handeln:

- Sie suchen eine(n) Seelenverwandte(n), aber tun Sie wirklich alles Erforderliche, um ihm/ihr zu begegnen? Vielleicht haben Sie ja Gedanken wie diese:
  - Ich gehe morgen aus, heute mache ich es mir lieber allein auf meinem Sofa gemütlich.
  - Ich sehe doch gar nicht gut genug aus, um jemanden zu finden.
  - Vorher sollte ich auf jeden Fall noch ein paar Kilo abnehmen.
  - Und wenn mir jemand gefällt, will er/sie mich bestimmt nicht. ...

Was könnten Sie sich sonst noch sagen?

- ....
- ....
- ....
- ....

Erkunden Sie auf diese Weise alle Träume, die mit Ihrer anfänglichen Bilanz in Verbindung stehen, und listen Sie jeweils auf, welche inneren Sätze Sie an ihrer Verwirklichung hindern und Ihr Auf-der-Stelle-Treten rechtfertigen.

Einschränkende Überzeugungen: Sind Sie wirklich bereit für Veränderungen?

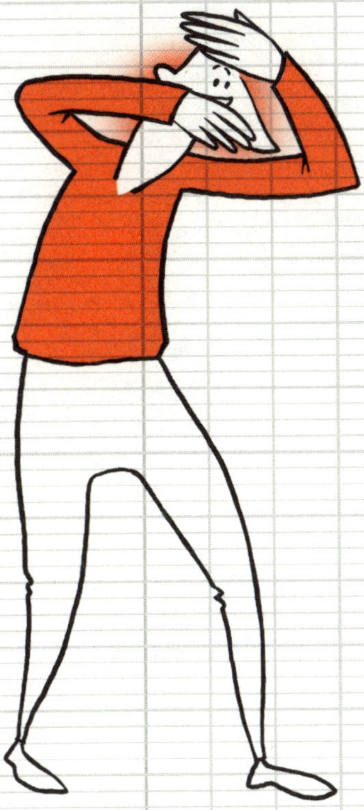

Welches Gefühl verbirgt sich hinter allen »Verhinderungssätzen«?

Angst!

Dass wir uns nicht verändern, erklärt sich vor allem aus unseren Ängsten: Angst, den gewohnten Komfort zu verlieren; Angst, den eigenen Anforderungen nicht zu genügen; Angst, gar nicht erst ausreichend Vertrauen oder Mut aufzubringen, um die erträumte Veränderung herbeizuführen …

»Wohin läufst du? Weißt du denn nicht, dass der Himmel in dir ist?«

Christiane Singer

Ich mach mir ein Bild …

Nehmen Sie Buntstifte und zeichnen Sie, welche Vorstellungen für Sie mit der Angst vor Veränderung verbunden sind.

Einen Neuanfang machen

Nachdem Sie Ihre Angst gezeichnet haben, ist nun der Moment gekommen, eine neue Seite aufzuschlagen: Was sehen Sie?

....

....

Wahrscheinlich sehen Sie Ihre anfängliche Angst nun mit anderen Augen.

Notieren Sie Ihre Eindrücke, Ideen, Gefühle:

- ....
- ....
- ....

Die Perspektive wechseln

Stellen Sie sich vor, Sie seien Ihr eigener Coach, und fragen Sie sich:

Was geschähe, wenn diese Angst nicht mehr da wäre?

....

....

....

Wie sähen Ihr Alltag und Ihre Zukunft aus, wenn Sie diese Angst oder Ängste nicht mehr hätten?

....

....

....

Wenn Ihr Traum wie durch Zauberhand wahr würde, wie würde sich das für Sie anfühlen? Was wäre anders als vorher?

....

....

Wenn Sie den Blick darauf richten würden, was Sie durch diese Veränderung gewinnen, statt sich auf Ihre Angst zu konzentrieren, was sähen Sie dann?

....
....
....

Stellen Sie sich ruhig immer weiter neue Fragen dieser Art und vor allem: Beantworten Sie sie! Sie werden überrascht sein, welche inneren Ressourcen in Ihnen schlummern!

»Behandle andere so, wie du von ihnen behandelt werden willst.«

Goldene Regel

Das Bild, das wir uns von der Realität machen, blockiert uns viel häufiger als die Realität selbst. Lernen wir daher, gegenüber unseren Blockaden eine andere Perspektive einzunehmen! Wechseln wir unsere Brille und entdecken wir, dass **»die Lösung bereits im Problem enthalten ist«**. Auch die Rückmeldungen von Freunden oder eines Coachs, mit dem Sie über Ihr Zaudern sprechen, können hilfreich sein. Das Offensichtliche ist immer viel leichter zu erkennen, wenn man nicht selbst in die Situation verstrickt ist.

Der Streich, den uns das Glück gerne spielt, oder: *Erfolgs-Blues*

»Erfolg ist, wenn du das bekommst, was du willst. Glück ist, wenn du das magst, was du bekommst.«

H. Jackson Brown

Manche Menschen träumen ihr Leben lang von bestimmten Wunschzielen, unternehmen aber nichts, um sie zu erreichen. Andere dagegen schaffen es, ihren Traum zu verwirklichen. »Großartig!«, sagen sie sich dann, oder: »Mein Traum ist wahr geworden!« Besser kann es nicht kommen, oder?

Wie eine Mutter, die neun Monate lang auf ihr Baby gewartet hat, haben auch Sie das Erreichen Ihres Ziels mit Spannung erwartet. Wahrscheinlich ist Ihr Herzblut in das Projekt geflossen und Sie sind mit all Ihrer Energie, Ihrem ganzen Sein bei der Sache gewesen. Und dann überkommt Sie am Tag der »Geburt«, wenn das Erträumte tatsächlich wahr wird, plötzlich ein Gefühl großer Leere. Sie sind ratlos und durcheinander, ein bisschen wie bei einem *Baby-Blues*, den manche Mütter haben. Dieses merkwürdige Gefühl, das sich einstellt, wenn unsere gesamte Energie mit einem Mal nicht mehr auf ein Ziel ausgerichtet ist, bezeichnen wir als *Erfolgs-Blues*.

Ist uns der Grund für die Verwirrung erst einmal klar, gilt es, den wahr gewordenen Traum zu genießen.

Das Ganze ist also eine wunderbare Lektion im Loslassen; wir lernen, im gegenwärtigen Moment zu leben und das Glück zu genießen, das sich endlich eingestellt hat. Es ist eine Einladung, einfach zu *sein*.

Sobald wir uns der scheinbar paradoxen Mechanismen unserer Psyche bewusst sind, können wir uns auf diese bewegenden Rhythmen des Wollens und der Befriedigung unseres Wunsches einstellen und lernen, zu genießen, dass wir das erträumte Glück erreicht haben.

Widrigkeiten überwinden

Auf dem Weg der Veränderung liegt nicht selten der ein oder andere Stolperstein. Das kann Stress sein, weil wir etwas Gewohntes verloren haben, es können die bereits erwähnten Ängste sein, reale oder eingebildete Hindernisse, **Glaubenssätze, die uns blockieren**, Konditionierungen ... Wichtig ist, dass wir wissen, wie wir damit umgehen können, damit wir nicht den Boden unter den Füßen verlieren bzw. nach einem Sturz wieder aufstehen können. Hier einige einfache Methoden, wie Sie in jeder Situation zentriert und gelassen bleiben und Ihre klare Ausrichtung behalten.

Sich jeden Tag zentrieren

Ziehen Sie sich jeden Tag zu einer Zeit, wenn Sie die meiste Ruhe haben, an einen Ort zurück, an dem Sie ungestört sind – also ohne Kinder, den Partner oder Arbeitskollegen –, um sich zu zentrieren. Sie können sich hinlegen, den Lotossitz einnehmen oder sich mit Blick auf eine schöne Landschaft oder ein inspirierendes Foto hinsetzen. Wichtig ist nur, dass Sie **überhaupt nichts mehr tun:** Stellen Sie das Telefon und auch alle anderen Geräuschquellen ab, die Sie stören könnten, schalten Sie WLAN und den Computer aus, um keinen elektromagnetischen Wellen ausgesetzt zu sein, die ihr Gehirn stimulieren. Konzentrieren Sie sich ganz auf sich selbst, auf Ihre Atmung und spüren Sie jede noch so kleine innere Empfindung, Ihren Atemrhythmus, Ihren Herzschlag; richten Sie Ihre Aufmerksamkeit auf den gesamten Körper und seien Sie eins mit sich selbst.

Stellen Sie sich dann einen unendlichen Raum vor, ruhig, erholsam, still, hell leuchtend, warm und nährend. Betreten Sie diesen Raum, der ein Zimmer oder eine Landschaft sein kann, und lassen Sie sich von der wohltuenden Wirkung dieses inspirierenden Ortes tragen. Verweilen Sie in der Kontemplation dieses **Ortes der inneren Ressourcen**. Wenn Sie ganz zur Ruhe gekommen sind, kehren Sie ins Hier und Jetzt zurück. Strecken Sie sich und nehmen Sie langsam Ihre Aktivitäten wieder auf.

Üben Sie jeden Tag, sich zu zentrieren, zunächst nur dann, wenn es Ihnen gut geht, später auch, wenn Sie unter Stress stehen, angespannt sind oder Angst haben. Wenn Sie diese Übung täglich machen, werden Sie bald ihre positiven Auswirkungen spüren und feststellen, dass sich Ihr Umgang mit den Ereignissen, die das Leben Ihnen »serviert«, unmerklich ändert.

Den Fluss überqueren

Wenn uns ein unangenehmes Gefühl – Angst, Zorn oder Traurigkeit – erfasst oder sogar überwältigt, dann fällt es uns schwer, uns wieder zu beruhigen, auf unsere normalen Aktivitäten zu konzentrieren und genauso effizient zu sein wie sonst. Aus diesem Grund fliehen wir gern vor solchen Gefühlen, versuchen, ihnen auszuweichen, sie zu umgehen. Oft tun wir das, indem wir in Rastlosigkeit und hektische Betriebsamkeit verfallen. Mithilfe der Analogie des

Flusses können Sie lernen, auch Ihre nicht so angenehmen Emotionen bewusst zu durchleben.

Stellen Sie sich vor, Sie fahren Kajak.

Sie nehmen Ihre Ausrüstung, setzen sich ins Boot und auf geht's in den Fluss. Vielleicht ist das Wasser etwas aufgewühlt und es gibt Strömungen. Sie werden einige Minuten durchgerüttelt und mit Wasser bespritzt, doch dann merken Sie, dass Sie die Strudel ziemlich schnell durchfahren und alles wohlbehalten überstanden haben. Nun gelangen Sie zu einem kleinen ruhigen See, wo Sie sich von der Anstrengung ausruhen können.

Dasselbe gilt für Ihr aufgewühltes Inneres. Sie müssen sich ihm stellen, es spüren und Ihre Gefühle so detailliert wie möglich wahrnehmen, egal wie intensiv oder unangenehm sie auch sein mögen. Sie werden feststellen, dass die Ursache Ihres Stresses schneller schwindet, wenn Sie Ihre Aufmerksamkeit auf das richten, was Sie beunruhigt oder unter Druck setzt, als wenn Sie es verdrängen oder ihm ausweichen. Denn die Flucht vor der Realität äußert sich für gewöhnlich durch Gedanken, die einen nicht mehr loslassen, und zwar lange Zeit. Wenn Sie aber den Fluss der Gefühle durchqueren, sind Sie danach mit sich im Reinen und finden wieder zu Ihrer normalen Leistungsfähigkeit zurück. Sie sind bereit, neu durchzustarten.

Die Fotoshow der guten Erinnerungen

Eine weitere nützliche Methode zum Überwinden von Hindernissen, die der Verwirklichung unseres Traumes entgegenstehen, ist die, dass wir uns eine **kleine Diashow positiver Erinnerungen** zusammenstellen.

Machen Sie es sich bei möglichst günstigen Bedingungen gemütlich (suchen Sie sich einen vor Lärm und Störungen geschützten Ort, an dem Sie in Ruhe ganz für sich sein können). Lassen Sie vor Ihrem inneren Auge Ihr Leben Revue passieren und wählen Sie Momente aus, die Sie besonders schön fanden.

Lassen Sie Ihre Erinnerungen auf Ihrer geistigen Leinwand an sich vorüberziehen. Stellen Sie gleichzeitig eine Art **Best-of** zusammen und genießen Sie die positive Wirkung der ausgewählten Bilder. Merken Sie sich Ihre Bildauswahl und denken Sie jeden Tag mindestens fünf Minuten lang daran, um diese positiven Ressourcen fest in sich zu verankern. Wenn Sie diese Übung regelmäßig machen, werden Sie feststellen, dass Ihnen noch mehr schöne Erinnerungen wieder einfallen, die negative Gedanken wie auch blockierende Überzeugungen vertreiben. Diese kleine Diashow schöner Momente wird Sie mit Freude und Gelassenheit erfüllen.

Schwierigkeiten akzeptieren – und für sich nutzen

Es gibt Momente, da haben wir das Gefühl, dass die Probleme sich häufen und alles zusammenbricht, lange bevor unser Traum verwirklicht ist – »Ein Unglück kommt selten allein«, wie es so schön heißt. Eine solche Ballung schwieriger Ereignisse kann aber dadurch entschärft werden, dass wir ihnen ganz bewusst und aktiv begegnen.

Zum Beispiel:

Sie haben gerade das Gefühl, dass in Ihrem Leben alles schiefläuft, und dann soll auch noch die Fassade des Hauses, in dem Sie wohnen, gereinigt werden. Statt gegen die mit der Reinigung einhergehenden Unannehmlichkeiten zu wettern, sollten Sie überlegen, welche Entsprechung die äußere Situation im Inneren finden kann. Während der Hochdruckreiniger die Außenfassade von Schmutz befreit, könnten Sie ganz bewusst zur gleichen Zeit auch im Inneren des Hauses putzen und sich dabei von Überflüssigem, von Dingen, die Ihnen nicht mehr gefallen, trennen: Leeren, ordnen, reinigen Sie und befreien Sie sich von allem, was Sie nicht mehr wollen, was Sie seit mindestens fünf Jahren nicht mehr benutzt haben, und lassen Sie sich voll und ganz auf diesen Großputz ein. Und das Beste daran: Während Sie das Haus putzen und ausmisten, reinigen Sie gleichzeitig symbolisch auch Ihr Inneres.

Zusätzlich zu diesem Großputz können Sie die Übung **»Den Fluss überqueren«** (siehe Seite 32) machen und dabei die Trauer über alle Verluste, jedes Loslassen und jeden Abschied, die Ihr Großreinemachen mit sich bringt, anerkennen, sie ganz bewusst durchleben. Spüren Sie anschließend die Befreiung, die auf diese tief greifende Begegnung mit dem folgt, was in Ihnen und um Sie herum »aufgeräumt« worden ist.

Erst aus der Leere kann ein freier Raum entstehen, um Neues – alles nur erdenklich Mögliche – aufzunehmen. Und darunter wird garantiert auch die ein oder andere Überraschung sein!

Handeln – Nichthandeln – Loslassen

Das führt uns nun, da wir schon ein gutes Stück des Weges zurückgelegt haben, zum heiklen Gleichgewicht zwischen Handeln, Nichthandeln und Loslassen.

Daoisten bezeichnen Nichthandeln als »Wu wei«. Für uns Menschen des Westens ist das Konzept nicht unbedingt leicht nachvollziehbar; und noch schwerer fällt es uns, unser Handeln angemessen zu dosieren. Greifen wir daher unseren Vergleich aus dem Gartenbau noch einmal auf. Wir haben bereits gesehen, dass es angebracht ist, vor der Aussaat den Boden zu bearbeiten, um ihn fruchtbar zu machen; er muss nach der Winterruhe »wiederbelebt werden«, d.h. umgegraben, mit Sauerstoff versorgt, gegossen und mit der natürlichen Nahrung versorgt werden, die er braucht, um das Saatkorn aufzunehmen und es mit den für das Pflanzenwachstum erforderlichen Nährstoffen zu versorgen. All das entspricht dem Handeln. Dann gilt es zu warten, dass die Pflanze wächst und sich entwickelt, das ist dann das Wu wei, das Nichthandeln. Erinnern wir uns an das Sprichwort »Das Gras wächst nicht schneller, wenn man daran zieht«. Doch manchmal – je nachdem, worin unser Ziel besteht – bringen wir es nicht fertig, der Natur ihren Lauf zu lassen oder anderen die Aufgaben zu überlassen, für die sie zuständig sind. Wir zerren und ziehen einfach weiter an den Dingen oder an den beteiligten Personen, die ein solches Insistieren dann bald als Mobbing empfinden und unter Umständen auf kontraproduktive Weise reagieren: mit Demotivation oder Widerstand. Alles hat seine Zeit: Handeln und Nichthandeln, wobei Letzteres darin besteht, loslassen zu können und das Leben in seinem eigenen Rhythmus geschehen zu lassen.

Die kleinen Glücksmomente des Tages erkennen

Mitunter scheinen Ihnen die Tage auf Ihrem Weg der Veränderung vielleicht düster, der Mut verlässt Sie und Sie verlieren die Hoffnung, Ihr Ziel eines Tages zu erreichen. Eine gute Methode in so einem Fall besteht darin, dass Sie Ihren Tag Revue passieren lassen und dabei bewusst nach Lichtblicken Ausschau halten: der erste Sonnenstrahl nach einem Regenschauer auf Ihrem Gesicht, das Lächeln eines Passanten, tröstende Worte eines Freundes, ein Kinderlachen ... Legen Sie Ihren Ehrgeiz in das Bestreben, jede noch so kleine Begebenheit zu finden, die Ihnen heute einen Funken Glück gebracht hat, den Sie, ganz von Ihren Enttäuschungen in Beschlag genommen, bislang gar nicht gesehen hatten.

Sobald Ihnen das erste schöne Erlebnis eingefallen ist, kommen Ihnen weitere in den Sinn: wie gut der Cappuccino geschmeckt hat, die milde Luft auf Ihrer Haut ... bis Sie die Triebfeder des Lebens, die Energie des Positiven, in sich wiederentdecken und Licht am Ende des Tunnels sehen.

Jetzt finden Sie erneut die Motivation und den Schwung, um Ihren Weg fortzusetzen und die einzelnen Schritte zum Erreichen Ihres Traums einzuleiten.

Meine Glücksmomente des Tages:

- ....
- ....
- ....
- ....
- ....
- ....
- ....
- ....
- ....
- ....
- ....
- ....

»Im Leben ist alles ein Zeichen.«

Paulo Coelho

Einschränkende in positive Glaubenssätze umwandeln

Sie können viel Zeit damit zubringen, Ihre blockierenden Überzeugungen eine nach der anderen zu untersuchen, herauszufinden, woher sie kommen, und zu ermitteln, wo sie in Ihrer Vergangenheit und in Ihrem Stammbaum verankert sind – oder **Sie können Ihre Energie darauf verwenden, sie in positive Überzeugungen zu verwandeln!**

Nehmen Sie also hintereinander **alle einschränkenden Glaubenssätze**, derer Sie sich bewusst sind, und verwandeln Sie sie in positive Überzeugungen. Schreiben Sie auch alle neuen negativen Sätze des Typs **»Das hat doch keinen Zweck«** oder **»So leicht kann es nicht sein. Wenn es das wäre, könnte es ja jeder!«** auf, die bei dieser Übung aufkommen könnten. Stellen Sie sich bei jeder dieser Aussagen die Frage: Welches Bedürfnis steht dahinter?

Beispiel: »Das nützt doch nichts!« Hinter diesem Gedanken könnte die Angst vor dem Scheitern stehen und das unterschwellige, kaum bewusste Bedürfnis, an der eigenen Bequemlichkeit und dem Gewohnten festzuhalten. Wandeln Sie »Das nützt doch nichts« um in: »Ich freue mich über neue Situationen und vertraue darauf, dass ich die richtigen Menschen und Hilfsmittel finde, die ich für mein Projekt brauche.«

Wandeln Sie nach und nach jede einschränkende Überzeugung in eine positive um. Wenn Sie fertig sind, lesen Sie sie laut vor.

- ....
- ....
- ....
- ....
- ....
- ....
- ....

Halten Sie einige Minuten inne und nehmen Sie Ihre Empfindungen, Gedanken, Gefühle wahr: Was geht hier und jetzt, während Sie die kleinen positiven Sätze aussprechen, in Ihnen vor?

- ....
- ....

Glauben Sie sie? ❐ Ja ❐ Nein

Wenn Sie immer noch zweifeln, stellen Sie sich diese Frage: »Warum sollte ich nicht das Recht haben, diese neuen Überzeugungen einmal auszuprobieren? Was riskiere ich denn?«
Also, NUR MUT!

Verankern Sie die Veränderung!

Beenden Sie diese Sequenz, indem Sie die Veränderung mithilfe des Körpers verankern. Um Ihre inneren Muster dauerhaft umzuwandeln, ist es wichtig, neu Erlerntes gut zu verwurzeln. Stehen Sie aufrecht, die Knie locker, und stellen Sie sich vor, von Ihren Füßen gingen Wurzeln aus, die in den Boden hineinwachsen. Malen Sie sich dann aus, wie die Energie des Pflanzensaftes in Ihnen aufsteigt, spüren Sie, wie das Leben Sie durchdringt. Richten Sie sich dann auf, den Rücken gerade, und bewegen Sie Ihre himmelwärts ausgestreckten Arme, als seien sie Zweige und Ihre Finger Blätter. Stellen Sie sich vor und spüren Sie, wie es ist, ein Baum zu sein, der mit Erde und Himmel gleichzeitig verbun-

den ist. Horchen Sie einige Minuten in sich hinein, wie die Lebendigkeit in Ihren Zellen pulsiert.
Immer wenn Sie zweifeln, können Sie wieder in die **Baumhaltung** gehen und Kontakt zu Ihrem Körper aufnehmen, es genießen, sich selbst bewusst wahrzunehmen und wieder zum Leben zurückfinden, das in Ihnen zirkuliert.

Ein kleines Resümee

Sich in Bewegung setzen

1. **Identifizieren Sie Bereiche jenseits Ihrer Komfortzone wie Ängste, Einschränkungen, Unsicherheiten, Bereiche der Selbstherabsetzung:**

- ....
- ....
- ....

2. **Ist im Zusammenhang mit Ihrem Traum/Ihrem Ziel ein solcher Bereich jenseits Ihrer Komfortzone betroffen?**
   Beispiel Geld: Sich in Sparzwängen gefangen fühlen und zur Freiheit des Ausgebens finden.

....
....
....

3. **Wenn das der Fall ist, was ist zu tun?**
   Beispiel: Andere Ausdrucksformen der Freiheit finden, die besser mit Ihrem Traum vereinbar sind.

....
....
....

4. **Sind Sie bereit, die erforderlichen Veränderungen vorzunehmen? Ist Ihr Wunsch stärker als Ihr Unbehagen bei dem Gedanken, Ihre Komfortzone zu verlassen?**

....
....
....

6 - Tierische Ressourcen

Um einen Aspekt Ihres Lebens erfolgreich ändern zu können, sollten Sie zunächst herausfinden, welche Pluspunkte und Stärken Sie bereits haben und wo Sie noch besser werden können.

Hier einige Tiere, die Ihnen als Ausgangspunkte dienen können, um eine Kartografie Ihrer Ressourcen zu erstellen.

Nehmen Sie, bevor Sie die Charakteristika jedes Tieres durchgehen, einen Stift zur Hand und beantworten Sie folgende Fragen:

Was gefällt Ihnen an diesen Tieren?

Delfin: ....

Reh: ....

Taube: ....

Wolf: ....

Schmetterling: ....

Spinne: ....

Hase: ....

Schildkröte: ....

Kuh: ....

Welche guten Eigenschaften sehen Sie in ihnen?

Delfin: ....

Reh: ....

Taube: ....

Wolf: ....

Schmetterling: ....

Spinne: ....

Hase: ....

Schildkröte: ....

Kuh: ....

Was finden Sie an ihnen abstoßend?

Delfin: ....

Reh: ....

Taube: ....

Wolf: ....

Schmetterling: ....

Spinne: ....

Hase: ....

Schildkröte: ....

Kuh: ....

Hier einige Anregungen zur Symbolik der genannten Tiere:

Der Delfin drückt alles aus, was mit dem Atem zu tun hat, der uns mit dem Leben und der Lebenskraft verbindet. Der Delfin lehrt uns, dass wir unseren Atem meistern müssen, um über uns selbst hinauszuwachsen, um uns von Belastendem zu befreien. Menschen mit der Kraft des Delfins können Vermittler zwischen den Menschen und der göttlichen Kraft werden.

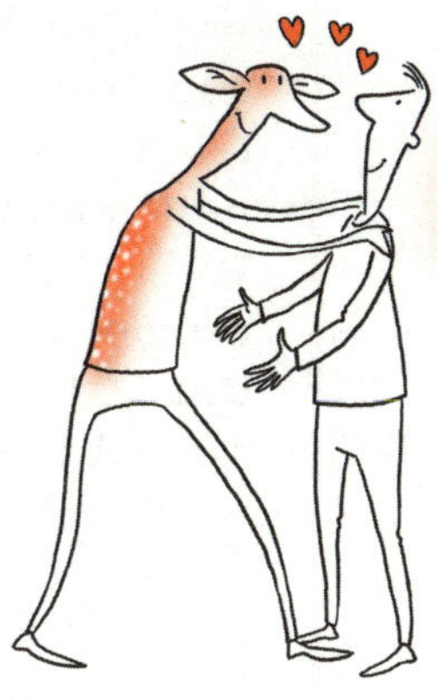

Das Reh steht für Sanftmut. Es symbolisiert den Blick, der über das Materielle und Oberflächliche im Leben hinausgeht. Es lehrt uns, den Kern der Dinge und ihre Ursache aufzudecken und nicht nur die Wirkung zu sehen. Das Reh steht für Freundlichkeit und bedingungslose Liebe. Es macht keinen Unterschied zwischen Gut und Böse, Licht und Schatten. Die Kraft des Rehs ermöglicht es uns, die Schwächen anderer anzunehmen und sie zu lieben. Wenn wir zuversichtlich bleiben, werden sich die negativen Aspekte auflösen.

Die Taube ist das Symbol für Reinheit, Einfachheit, Frieden, Harmonie, Hoffnung und wiedergefundenes Glück schlechthin. Sie repräsentiert die Sublimierung unserer instinktiven Regungen und den Heiligen Geist. Oft versinnbildlicht sie das Unsterbliche am Menschen, das Lebensprinzip, die Seele.

Der Wolf wird oft mit spiritueller Macht assoziiert, die der Mensch sich aneignen soll, um ein guter Jäger zu werden. Er symbolisiert Familie, Ausdauer, Intuition, Lernen und steht auch für den Geist der Freiheit, die tiefe Verbindung mit unseren Instinkten. Neben ihrem sehr ausgeprägten Mutterinstinkt zeichnet sich die Wölfin durch ein feines Gespür und einen scharfen Verstand aus. Sie hat die Fähigkeit, wichtige Fragen strategisch und mit Fingerspitzengefühl anzugehen.

Der Schmetterling ist das Symbol der Metamorphose, der Verwandlung. Er weist uns darauf hin, dass wir die Verwirklichung unserer Träume zulassen und es wagen sollen, unser Leben zu ändern und uns neu auszurichten, um unseren Alltag zu verbessern. Vier Stadien sind nötig, um ein Schmetterling zu werden. Das erste, das Ei, entspricht der Geburt der Idee; das Larvenstadium ist die Phase, in der man überlegt, ob man sein Projekt verwirklicht. Anschließend ermöglicht der Kokon, sich mit dem Projekt zu verbinden und es auszuarbeiten. Schließlich kommt es zum Ausschlüpfen, der Geburt des so lange »ausgebrüteten« Projekts. Diese Stadien wiederholen sich unser ganzes Leben lang, denn wir entwickeln immer wieder neue Projekte. Die Kraft des Schmetterlings hilft uns, unsere Gedanken zu ordnen, bewusst vorzugehen und unsere Ideen zu konkretisieren.

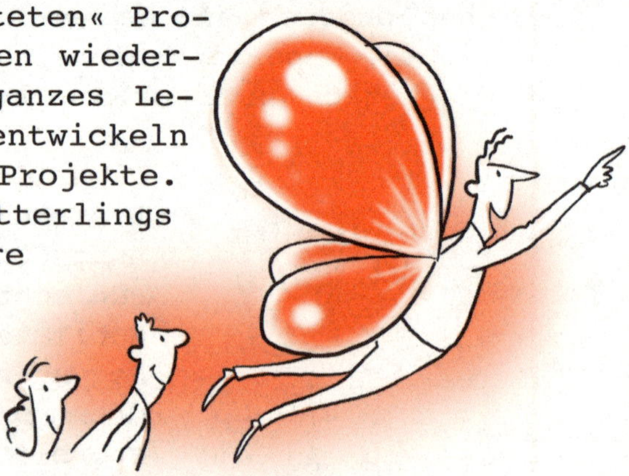

Mit ihren acht Beinen verweist **die Spinne** auf die Vielfalt der Schöpfung. Acht ist zweimal vier und diese Zahl symbolisiert wiederum die vier Himmelsrichtungen und auch die Materie, das praktische Verwirklichen von Ideen. Die Spinne steht für Verantwortung und dafür, entsprechend den Ereignissen, mit denen wir konfrontiert werden, etwas aus unserem Leben zu machen. Wir weben selbst das Netz unseres Schicksals. Sie lehrt uns, über unseren eigenen Tellerrand hinauszuschauen und auch andere Dimensionen in den Blick zu nehmen.

Der Hase symbolisiert die Neugeburt, das Gleichgewicht. Er ist eines der Tiere, die sich am leichtesten wandeln. Er steht für Intuition und bringt den Überschwang mit, der mit der Neugeburt und Fruchtbarkeit einhergeht.
Seine Kraft hilft, Umbrüche zu überstehen und unserer Intuition zu folgen. Der Hase repräsentiert auch die Angst, getötet und zur Nahrung von Menschen oder Raubtieren zu werden. Er lehrt uns, dass wir genau das auf uns ziehen, was wir fürchten. Wir sollten also düstere Vorstellungen vermeiden, denn Ereignisse, die wir fürchten und immer wieder in Gedanken durchspielen, könnten sonst tatsächlich eintreten.

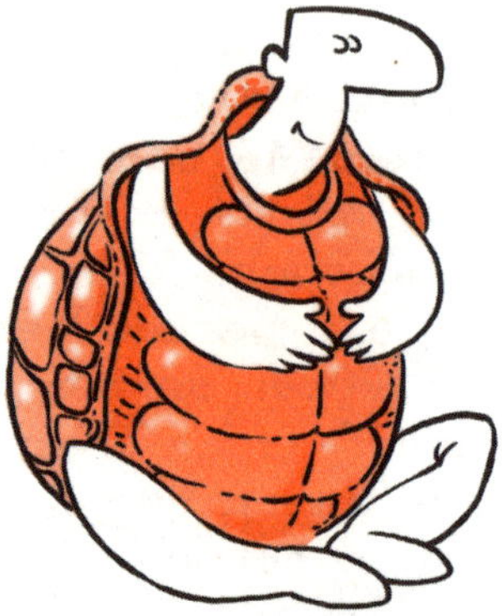

Die Schildkröte wird mit großen Weltschöpfungsmythen assoziiert. Langsam und beharrlich, wie sie ist, symbolisiert sie Weisheit und Durchhaltevermögen. Sie steht aber auch für Gesundheit und ist außerdem das älteste Symbol des Planeten Erde. Die Schildkröte hat einen Panzer, der uns lehrt, wie wir uns vor Verletzungen und der Unbedachtheit anderer schützen können. Sie weist auf die Gefahren hin, die darin liegen, den natürlichen Lauf der Dinge zu stören – wir sollen unsere Ideen reifen lassen, bevor wir sie öffentlich machen. Das unterstreicht auch die Tatsache, dass die Schildkröte es der Sonne überlässt, ihre Eier auszubrüten. Nicht zuletzt zeigt uns ihre Langsamkeit, dass wir die Dinge nicht überstürzen sollen, dass alles zu seiner Zeit geschieht. Die Schildkröte lehrt, dass wir unsere Gefühle schützen und uns bei Gefahr in uns selbst zurückziehen sollen.

Die Kuh steht für das Nahrungsspendende, Mütterliche. Sie offenbart uns die Großzügigkeit, die nährende und erneuernde Kraft, die uns umgibt. Die altägyptische Göttin Hathor vereint die symbolischen Aspekte der Kuh in sich: Sie repräsentiert Fruchtbarkeit, Reichtum, Erneuerung, die himmlische Mutter der Sonne. Sie verkörpert die Essenz der Erneuerung und der Hoffnung.

Sind Sie Ihrem Gefühl nach eher Wolf, Reh, Spinne, Hase, Taube, Delfin, Schildkröte, Schmetterling oder Kuh?

....

....

....

....

Natürlich können Sie dieser Liste auch ein anderes Tier, das Sie besonders mögen – oder mehrere –, hinzufügen und dann mit der Übung fortfahren. Indem Sie sich klarmachen, was das jeweilige Tier symbolisiert, verstehen Sie auch, warum Sie es gewählt haben.

Das Mandala

Nachdem Sie sich nun mit den Qualitäten von jedem Tier – und damit dem, was sie uns lehren können – vertraut gemacht haben, möchte ich Ihnen vorschlagen, ein kreisförmiges **Mandala** zu kreieren, in dem Sie alle Tiere darstellen, mit denen Sie sich verbunden fühlen.

Nehmen Sie ein leeres Blatt, zeichnen Sie einen gleichmäßigen Kreis und teilen ihn in so viele Segmente, wie Sie sich Tiere ausgesucht haben. Zeichnen oder kleben Sie Bilder dieser Tiere auf die einzelnen Kreisabschnitte und schreiben Sie die positiven Eigenschaften und Stärken, die Sie dem jeweiligen Tier zuordnen, dazu.

Mit den Merkmalen, die Sie an ihnen nicht mögen, verfahren Sie ebenso. Betrachten Sie sie als gute Anhaltspunkte für Ihre persönliche Weiterentwicklung.

Wenn Sie den Kreis zusammengestellt haben, visualisieren Sie diese Kartografie Ihrer Ressourcen: Die aufgeführten **guten Eigenschaften** sind Ihre Stärken und Pluspunkte, um in allen Lebenslagen voranzukommen und auch nach Niederlagen immer wieder aufzustehen. Was die **Aspekte** angeht, **die Sie nicht mögen**: Sie stellen verbesserungswürdige Punkte dar und zeigen Ihnen, wo Sie Ihre Fähigkeiten optimieren könnten. Hängen Sie dieses Mandala an einem privaten Ort so auf, dass es Sie jeden Tag inspiriert, zum Beispiel, wenn Sie Ihre täglichen Yoga- oder Qigong-Übungen machen. Üben Sie regelmäßig, sich von Ihren guten Eigenschaften zu nähren – sie sind Ihre Trümpfe, um sich von der Masse abzuheben, sich durchzusetzen und täglich aufs Neue die Kraft in sich zu verankern, die Sie brauchen, um Ihre Träume zu verwirklichen.

Resilienz ist die Fähigkeit, nach schwierigen, traumatisierenden Ereignissen wieder aufzustehen und aus der Tiefe unseres Inneren die lebendige Kraft zum Weitermachen zu schöpfen. Das bedeutet auch, dass wir uns auf die Herausforderung des Neuen einlassen und akzeptieren, die Vergangenheit hinter uns zu lassen, um in die Zukunft einzutauchen und unsere Träume zu verwirklichen. Resilienz heißt, ganz in der Gegenwart zu leben, dem pulsierenden Leben in uns zu lauschen und herauszufinden, warum wir auf der Welt sind.

7 – Veränderung gelingt, wenn wir im Einklang mit dem Leben sind

Können Sie die Zeichen, die das Leben Ihnen gibt, lesen und sich danach richten?

Veränderung mag zwar ein Synonym für Leben sein, wie das Yijing bzw. I-Ging (»Buch der Wandlungen«) nahelegt, dennoch fällt es uns nicht immer leicht, sie anzustoßen. Viele von uns warten, bis wirklich gar nichts mehr geht, bevor sie etwas unternehmen oder ihren Alltag ändern; darum geschehen Veränderungen letztendlich oft nur unter Zwang.

Hindernisse sind praktische Aufgaben auf unserem Lebensweg

Hindernisse sollten wir so verstehen, dass das Leben uns **einen Dienst erweist**, indem es uns auf unserem Weg vor **praktische Aufgaben** stellt. Diese Aufgaben verlangen nämlich von uns, genau das zu überwinden, was uns bislang an der Verwirklichung unserer Träume und Wünsche hindert. An dieser Stelle ist es sehr nützlich, uns darüber klar zu werden, inwieweit unsere Wünsche und unser Verhalten auf dasselbe große Ziel ausgerichtet sind. In erster Linie müssen wir daran arbeiten, das, was wir wirklich erleben und erreichen wollen, mit unserem Handeln in Einklang zu bringen. Ist alles in eine Richtung orientiert oder zerstreuen wir unsere Energie durch widersprüchliche, nicht miteinander vereinbare Ziele?

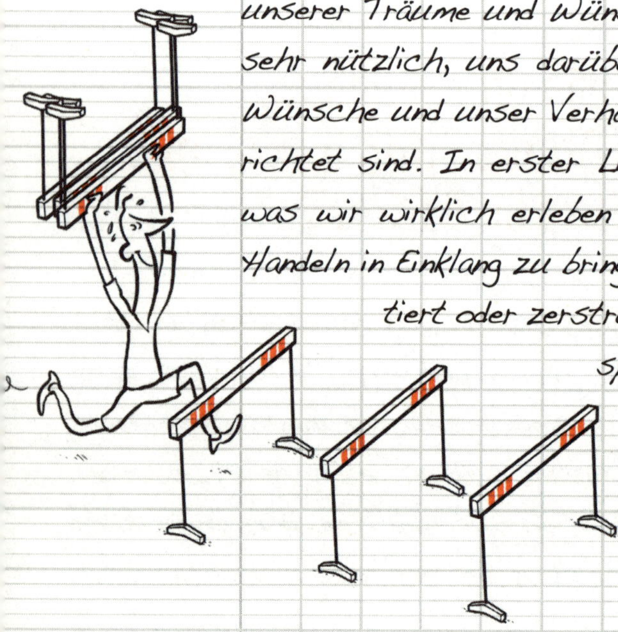

Bisweilen führt diese Selbsterforschung dazu, dass wir unsere Seelenaufgabe entdecken – das, was wir in diesem Leben zu tun haben. Und wenn das geschieht, wird mit einem Mal alles kristallklar, unser Herz wandelt sich und wir haben das Gefühl, dass wir mit unserer Energie Berge versetzen könnten.

Sich dem Leben überlassen, sich vertrauensvoll seinem großzügigen Tanz hingeben.

Das Leben beantwortet unsere Wünsche auf kreative Weise

Ganz gleich, in welcher Lage wir uns befinden, das Universum ist da, uns stets zugewandt, um Antworten auf unsere verrücktesten Wünsche zu geben. Denken Sie an das Sprichwort: **»Hilf dir selbst, dann hilft dir Gott!«** Wir sollten immer wieder klären, was genau wir wollen, und dann unser Handeln und unsere Absichten auf dieses Ziel ausrichten – ohne uns daran zu klammern, **wie** es sich verwirklichen soll.

Das Leben antwortet uns immer auf ganz unglaubliche Art, es ist außergewöhnlich kreativ darin, völlig neue Lösungen für unsere tiefsten Wünsche zu finden. Indem es bestimmte Dinge enden lässt oder uns wegnimmt und damit beseitigt, was wir nicht mehr brauchen, hilft es uns dabei, Raum für Neues zu schaffen, selbst wenn wir dann wiederum mit unserer Angst vor der Leere **konfrontiert werden**. Zum anderen liefert es uns die notwendigen Elemente, mit denen wir das Neue aufbauen können. Das Leben kennt so viele Möglichkeiten, dass das Gehirn eines einzelnen Menschen zu begrenzt ist, um sie sich alle vorzustellen.

Lösen Sie sich von dem Wie und konzentrieren Sie sich auf das, was Sie wollen.

Annehmen, was das Leben uns schickt, und es verstehen

Alles ist richtig, alles ist so, wie es ist, vollkommen. Das ist im ersten Moment nicht leicht zu verstehen, vor allem, wenn wir gerade in einer schwierigen Lage sind. Aber dennoch: Es ist immer das Leben, das uns antwortet! Unser Leben ist das Echo der Wünsche unserer Seele, der Widerhall dessen, was uns im tiefsten Inneren am wichtigsten ist, am meisten aufrüttelt und was wir uns am aufrichtigsten wünschen. Daher ist es ganz wesentlich, zu klären, was wir wirklich wollen.

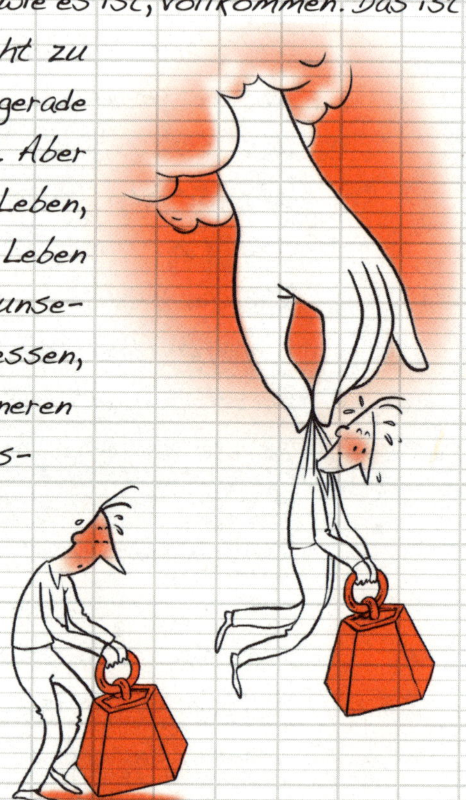

Aber jetzt wollen wir aufhören, etwas Bestimmtes zu erwarten, und stattdessen das betrachten, was wir erhalten.

Nichts? Dann sind Sie mit Ihrem Handeln noch nicht auf dem richtigen Weg. Schauen Sie sich noch einmal Ihre Bestandsaufnahme aus Kapitel 2 an und überlegen Sie erneut, was Sie in sich reinigen, wovon Sie sich trennen müssen, um sich besser auszurichten und **Traum/Wunsch/Ziel und Handeln** in Einklang zu bringen.

»Wenn du etwas ganz fest willst, dann wird das Universum darauf hinwirken, dass du es erreichen kannst.«

Paulo Coelho

Fügungen des Schicksals zeigen uns, was richtig ist

Und dann, eines Tages, kommt Bewegung in die Dinge, es hagelt geradezu erstaunliche Zufälle und günstige Fügungen. Wenn wir uns gefunden, unsere Träume und Seelenwünsche klar und deutlich vor Augen haben, in aller Einfachheit und Echtheit, und unser Verhalten auf das Ziel ausrichten, dann beschenkt uns das Leben mit Angeboten und Belohnungen. Hinweise oder Ereignisse häufen sich und wir können nur staunen über die verschwenderische Fülle und den Erfindungsreichtum des Lebens. Einfach großartig!

Dankbarkeit

Das ist der Moment, in dem wir die Gesetze des Lebens verstehen und über alle Maßen dankbar sind. Denn wie auch immer die Situation ist, erfreulich oder schwierig, immer steht ein Sinn dahinter: der unserer tiefen Motivation, der dem entspricht, was wir wirklich sind und wollen. Unser Lebensweg zielt darauf ab, mit unserem wahren Wesen in Kontakt zu kommen, um das zu verwirklichen, was unsere Seele will. Dann häufen sich die Wunder und wir danken der Großzügigkeit des Lebens wieder und wieder, während wir gleichzeitig auf unser innerstes Wesen hören.

**»Ich habe viel für diese Welt getan,
wenn ich in meinem Lauf innehalte,
um danke zu sagen.«**
Christiane Singer

8 – Mut, das eigene Leben zu verändern – Mut, die Welt zu verändern?

Bis hierhin sind Sie schon einen weiten Weg gegangen, motiviert von dem Wunsch, etwas an sich und Ihrer persönlichen oder beruflichen Sphäre zu ändern. Vielleicht haben Sie ja Lust, noch weiter zu gehen und auch Ihre Umgebung positiv zu beeinflussen?

»Sei du selbst die Veränderung,
die du dir wünschst für diese Welt.«
Gandhi

Dann stellen Sie sich jetzt ganz ruhig die Frage:
In welcher Welt will ich leben?

Nehmen Sie sich ein paar Minuten Zeit, um sich zu zentrieren. Schließen Sie die Augen, atmen Sie tief. Lassen Sie sich von Ihrer Intuition leiten:

....
....
....
....
....
....
....
....
....
....
....
....

Wie sähe die Welt aus, in der Sie leben wollen? Für Sie und Ihre Kinder?

....
....
....
....
....
....
....
....
....
....
....
....
....
....

Und welchen Beitrag wollen Sie dazu leisten?

....
....
....
....
....
....
....
....
....
....
....
....
....
....

Was müssten Sie an sich ändern oder was könnten Sie tun, um im Einklang mit sich selbst und dieser Wunsch-Welt zu sein?

....

....

....

....

....

....

....

....

....

....

....

»Das Glück ist das Einzige, das sich verdoppelt, wenn man es teilt.«

Albert Schweitzer

Kleine Bibliografie

André, Christophe/Kabat-Zinn, Jon/Rabhi, Pierre/Ricard, Matthieu: *Wer sich verändert, verändert die Welt*, München: Kösel 2014.

Bernstein, Gabrielle: *Das 40-Tage-Programm, um Ihr Leben grundlegend zu verändern*, München: MVG 2013.

Croos-Müller, Claudia: *Kraft: Der neue Weg zu innerer Stärke – ein Resilienztraining*, München: Kösel 2015.

Huber, Michaela: *Der innere Garten: Ein achtsamer Weg zur persönlichen Veränderung – Übungen mit CD*, Paderborn: Junfermann 2010.

Krelshaus, Lisa: *Wer bin ich – wer will ich sein? Ein Arbeitsbuch zur Selbstanalyse und Zukunftsgestaltung*, München: MVG 2006.

Magnin, Hervé: *Das kleine Übungsheft – Lebensträume verwirklichen*, München: Trinity 2013.

Maurer, Robert: *Kleine Schritte, die Ihr Leben verändern. KAIZEN für die persönliche Entwicklung*, Kirchzarten: VAK Verlag 2013.

Poletti, Rosette/Dobbs, Barbara: *Das kleine Übungsheft – Loslassen*, München: Trinity 2012.

Sher, Barbara: *Ich könnte alles tun, wenn ich nur wüsste, was ich will*, München: dtv 2005.

Stahl, Bob/Goldstein, Elisha: *Stressbewältigung durch Achtsamkeit. Das MBSR-Praxisbuch*, Freiburg: Arbor 2010.

Die kleinen Übungshefte – bisher erschienen:

Gelassen und glücklich leben

- Entdecke die innere Fee in dir
- Glückstraining
- Lebensfreude im Alltag
- Positive Psychologie
- Wieder Begeisterung empfinden
- Zen, sexy und happy

Loslassen, was belastet

- Endlich frei von Schuldgefühlen
- Krisen bewältigen
- Loslassen
- Schluss mit dem Rauchen
- Stark durch Resilienz
- Zorn positiv nutzen
- Zum Wohlfühlgewicht ohne Stress

Die eigenen Potenziale entwickeln

- Das Gesetz der Anziehung
- Entdecke dich selbst mit Stift und Pinsel
- Gelassen Ziele erreichen
- Lebensträume verwirklichen
- Mut zur Veränderung
- Positives anziehen
- Selbstbewusstsein
- Steh auf, dein Leben wartet!
- Verborgene Talente entdecken

Sich Zeit für das Wesentliche nehmen

- Ausmisten und wieder durchatmen
- Besser leben ohne Stress
- Digital Detox – einfach öfter mal abschalten
- Entschleunigen
- Für eine bessere Welt
- Zen in einer bewegten Welt

Achtsam und zentriert leben

- Achtsamkeit
- Ho'oponopono
- Meditationen für jeden Tag
- Spiritualität im Alltag
- Wahrhaftig sein sich selbst und anderen gegenüber

Sich anderen Menschen öffnen

- Dankbarkeit
- Emotionale Intelligenz
- Freunde gewinnen und bessere Beziehungen führen

Klug und liebevoll kommunizieren

- Die Kunst, Gesichter zu lesen
- Geheimnisse der Körpersprache verstehen
- Gewaltfreie Kommunikation
- Grenzen setzen – Nein sagen
- Konflikte meistern und harmonischere Beziehungen führen
- Mit schwierigen Zeitgenossen umgehen
- Psychospiele durchschauen und die eigene Rolle verändern

Andere und sich selbst lieben

- Das Geheimnis glücklicher Paare
- Die Heilkraft der Liebe nutzen
- Eifersucht verstehen und überwinden
- Frieden schließen mit dem eigenen Körper
- Seelische Wunden heilen
- Seelische Wunden verstehen
- Selbstliebe
- Sei gut zu dir selbst
- Sich selbst und andere lieben